40 Contes pour les petits

Andersen, Grimm, Perrault…

Couverture illustrée par Coralie Vallageas

ISBN 978-2-244-41851-3

www.editionslito.com

Lito 41, rue de Verdun 94500 Champigny-sur-Marne
Imprimé en France par Pollina - L68004G
Loi n° 49-956 du 16 juillet 1949
sur les publications destinées à la jeunesse
Dépôt légal : juin 2014

Certifié PEFC
Ce produit est issu de forêts gérées durablement et de sources contrôlées.
PEFC 10-31-2065
pefc-france.org

IMPRIM'VERT
Votre imprimeur agit pour l'environnement

40 Contes pour les petits

Andersen, Grimm, Perrault...

Éditions Lito

Sommaire

Boucle d'Or et les trois ours

En cueillant des fleurs, Boucle d'Or se perdit dans la forêt. Soudain, elle aperçut une jolie maison. Elle frappa à la porte ; pas de réponse. Elle entra.

Dans la cuisine, elle vit trois tables : une grande, une moyenne et une petite. La grande était trop grande, la moyenne aussi, mais la petite était à sa taille. Elle s'y assit.

De la soupe fumait dans trois bols. Celle du grand bol était trop chaude ; celle du moyen, trop salée ; celle du petit, délicieuse. Boucle d'Or l'avala d'un trait.

Puis elle monta dans la chambre où il y avait trois lits. Le grand était trop dur ; le moyen, trop mou, mais le petit était moelleux. Elle s'y coucha et s'endormit.

Bientôt, les occupants de la maison rentrèrent. C'étaient trois ours : un grand, un moyen et un petit.
– Quelqu'un est entré chez nous ! dit le grand ours.
– Il a touché à tout ! ajouta l'ours moyen.
– Il a mangé ma soupe ! pleurnicha le petit ours.
Ils montèrent dans la chambre.
– Quelqu'un est venu ici ! dit le grand ours.
– Il a touché à tout ! ajouta l'ours moyen.
– Une petite fille dort dans mon lit ! s'écria le petit ours.
Au son de leurs voix, Boucle d'Or s'éveilla. Elle prit peur, sauta du lit et se sauva.
– Bon débarras ! gronda le grand ours.
– Ne reviens pas ! ajouta l'ours moyen.
– Pour sortir de la forêt, prends le sentier à droite, cria le petit ours.
« Ce petit ours n'est pas rancunier, se dit Boucle d'Or. J'ai mangé sa soupe, dormi dans son lit, et c'est lui qui m'a indiqué le chemin du retour ! »

Aladin et la lampe merveilleuse

Dans la ville de Bagdad vivait un petit mendiant appelé Aladin. Un jour, un homme étrange lui demanda :
– Veux-tu gagner cent piastres ?
– Bien sûr ! Que dois-je faire ?
– Suis-moi.
L'homme étrange l'amena devant une cave dont la porte était minuscule.
– Glisse-toi là-dedans et rapporte-moi la vieille lampe à huile qui se trouve sur le coffre.
Aladin rampa dans l'étroite ouverture et ouvrit le coffre : il était rempli d'or et de diamants.
– Laisse ça et prends la lampe, lui cria l'homme.
« Quand il aura sa lampe, il me tuera pour que je ne révèle pas l'emplacement du trésor ! » devina Aladin.
Il refusa donc. L'homme, furieux, l'enferma dans la cave et s'en alla.
Comme il faisait noir, Aladin essaya d'allumer la lampe. Il la frotta… Un grand éclair jaillit et un être de fumée apparut.

– Je suis le génie de la lampe, déclara-t-il. Donne-moi un ordre et j'obéirai.
– Je veux rentrer chez moi, répondit Aladin.
Aussitôt, son vœu fut exaucé.
Comprenant la valeur de la lampe, Aladin commanda un magnifique palais, des écuries pleines de chevaux, des domestiques, de l'or et de beaux habits. Puis, en se faisant passer pour un prince, il se rendit chez le sultan pour lui demander la main de sa fille.
Le sultan, ébloui par sa richesse, la lui accorda. Mais l'homme étrange veillait. En secret, il pénétra dans le palais et reprit la lampe.
Qu'importe ! Aladin n'en avait plus besoin. Il était amoureux, riche et puissant. Qu'aurait-il pu souhaiter de plus ?

Baba Yaga

Dans la campagne russe vivait une petite fille nommée Douchka. Elle n'avait plus de mère et sa marâtre la détestait. En l'absence de son mari, la méchante femme dit un jour à Douchka :

– Va chez ma sœur Baba Yaga chercher du fil et des aiguilles.

Or, Baba Yaga était une sorcière qui mangeait les enfants. En voyant arriver Douchka, elle se frotta les mains.

– Fais chauffer l'eau, nous allons la cuire pour le dîner, dit-elle à sa servante.

Mais le chat avait tout entendu. C'était un chat noir un peu magicien, comme tous les chats de sorcière.

Douchka, qui aimait les animaux, le caressa au passage. Le chat, plus habitué aux coups qu'aux caresses, en fut tout ému.

– Méfie-toi de Baba Yaga ! lui ronronna-t-il à l'oreille.

Puis il lui donna un mouchoir et un peigne, en recommandant :

– En cas de danger, jette-les derrière toi !

Quand l'eau fut chaude, Baba Yaga voulut pousser Douchka dans le chaudron. Mais la petite fille s'enfuit à toutes jambes.

Comme la sorcière allait la rattraper, elle jeta le mouchoir derrière elle. Il se transforma en rivière. Baba Yaga sauta sur son balai et la franchit d'un bond.

Douchka jeta le peigne ; il se changea en forêt. Dans cette forêt, il y avait des bûcherons. Douchka courut se réfugier auprès d'eux et leur raconta son histoire. Ils attrapèrent la sorcière et la tuèrent.

Quand il apprit la chose, le père de Douchka chassa la marâtre et adopta le chat. Ils vécurent longtemps heureux, tous les trois !

Ali Baba et les quarante voleurs

Ali Baba se promenait dans la forêt, quand quarante voleurs portant de gros sacs passèrent près de lui. Il les suivit discrètement. Parvenu devant une caverne, le chef des voleurs dit :
– Sésame, ouvre-toi !
La porte de la caverne s'ouvrit. Les voleurs déposèrent leur butin à l'intérieur, puis s'en allèrent. Sitôt seul, Ali Baba répéta la phrase magique et entra. La caverne était pleine de sacs remplis de pièces d'or. Ali Baba en prit le plus possible, puis se sauva avant que les voleurs reviennent. Imaginez la joie de sa femme ! Ils étaient si pauvres…
Elle s'empressa de raconter l'affaire à sa belle-sœur, qui en parla à son mari, Cassim.

Cassim était un homme brutal. Sous la menace, il obligea son frère à lui révéler l'emplacement du trésor et le mot magique. Puis il prit dix mules chargées de paniers et s'y rendit. Il était occupé à remplir les paniers, quand il entendit les chevaux des voleurs. Vite, il chercha le mot magique pour rouvrir la porte et se sauver. Mais, dans son affolement, il l'avait oublié.

– Blé, ouvre-toi ! Non, ce n'est pas ça… Orge, ouvre-toi ! Non… Seigle, ouvre-toi !…

Cassim cherchait encore, quand les voleurs entrèrent dans la caverne. Ils le tuèrent, puis ils remirent les sacs d'or à leur place, sans remarquer qu'il manquait les pièces emportées par Ali Baba.

Ali Baba vécut dans l'opulence jusqu'à la fin de ses jours, avec sa femme et sa belle-sœur, qui ne regretta pas son méchant mari !

La Belle et la Bête

Un marchand avait trois filles.
– Je pars en voyage, leur annonça-t-il un jour. Que voulez-vous que je vous rapporte ?
L'aînée demanda une robe de bal, la deuxième, des bijoux.
– Moi, je voudrais juste une rose, dit la plus jeune, qui s'appelait Aurore.
Le marchand fit de mauvaises affaires et fut ruiné. En rentrant chez lui tout penaud, il aperçut un jardin magnifique.
« Je vais cueillir une rose, se dit-il. Au moins, Aurore aura son cadeau ! »
Hélas, le propriétaire du jardin l'aperçut. Ce n'était pas un homme, mais une horrible bête.
– Tu m'as volé une rose ! rugit-elle. Pour te punir, tu resteras mon prisonnier.
Cependant, apprenant que le marchand avait trois filles, la Bête permit que l'une d'elles le remplace. Ce fut Aurore.

Heureusement, la Bête était gentille. Elle lui offrit de beaux vêtements et la traita comme une princesse. Aurore reçut même un diamant dans lequel elle pouvait voir ceux qu'elle aimait. C'est ainsi qu'elle apprit que son père était malade.
– Laissez-moi lui rendre visite, supplia-t-elle.
– À une condition, répondit la Bête, c'est qu'à ton retour tu m'épouses.
Aurore accepta, mais, une fois son père guéri, elle oublia sa promesse.
Le temps passa. Un soir, en regardant le diamant de sa bague, Aurore vit que la Bête se mourait de chagrin. Vite, vite, elle courut la rejoindre et lui demanda pardon, en pleurant. Puis, malgré sa laideur, elle l'embrassa.
Aussitôt, la Bête se transforma en prince charmant. Ils se marièrent et eurent beaucoup d'enfants !

Frérot et Sœurette

Frérot et Sœurette étaient bien malheureux : leur méchante belle-mère les battait et ne leur donnait rien à manger. Ils étaient tout maigres et couverts de bleus !
Un jour, ils décidèrent de s'enfuir dans la forêt. Après avoir longtemps marché, Frérot eut soif. Il but l'eau d'une source. Mais la méchante belle-mère, qui était aussi sorcière, l'avait ensorcelée. À la première gorgée, il se changea en faon.
Le temps passa. Frérot devint un grand cerf, Sœurette, une belle jeune fille.
Au cours d'une partie de chasse, le fils du roi blessa Frérot qui courut se réfugier auprès de sa sœur. Intrigué, le prince le suivit. Lorsqu'il vit Sœurette, il en tomba aussitôt amoureux.
Il lui demanda sa main. Elle accepta, à condition de pouvoir emmener son frère.
Le prince mit Frérot dans l'écurie, avec ses chevaux préférés.

En apprenant la chose, la sorcière, jalouse du bonheur de Sœurette, lui jeta un sort. Le jour de son mariage, elle fut changée en biche.
Sœurette rejoignit son frère à l'écurie, et le prince eut tant de chagrin qu'il tomba très malade.
La sorcière, alors, alla trouver le roi.
– Je suis médecin, lui dit-elle. Votre fils ne guérira que s'il mange un cœur de biche.
Avec son accord, elle se glissa dans l'écurie, armée d'un grand couteau. Mais Frérot veillait et la tua à coups de cornes.
Aussitôt, sa sœur et lui reprirent forme humaine. En voyant sa femme redevenue elle-même, le prince guérit. Et dorénavant, au lieu de chasser, il joue aux dames avec son beau-frère !

Jack et le haricot magique

Un jour, la mère de Jack dit à son fils :
– Va vendre notre vache au marché, car nous n'avons plus d'argent.
Mais au lieu de vendre la vache, Jack l'échangea contre un haricot magique. Sa mère, furieuse, jeta le haricot par la fenêtre et envoya son fils au lit.
Le lendemain, le haricot avait poussé si haut, si haut, qu'il se perdait dans les nuages. Jack l'escalada et arriva devant un grand château, qu'il visita.
Soudain, des pas résonnèrent dans le couloir. L'ogre à qui appartenait le château revenait de la chasse, un chevreuil mort sur l'épaule et un sac d'or à la main. Vite, vite, Jack se cacha dans une armoire. L'ogre se mit à table et ne fit qu'une bouchée du chevreuil. Puis il s'endormit. Alors Jack prit le sac d'or et rentra chez lui.

Quelque temps plus tard, il retourna chez l'ogre. Il se cacha à nouveau dans l'armoire, et vit l'ogre rapporter un cerf mort et une oie qui pondait des œufs d'or. Quand l'ogre fut endormi, Jack prit l'oie et rentra chez lui.
Une troisième fois, il retourna chez l'ogre, qu'il vit rapporter un ours mort et une harpe d'or. Mais quand il prit la harpe, l'ogre le surprit.
– Je vais te tordre le cou, petit voleur ! lui cria-t-il.
Vite, vite, Jack s'accrocha au haricot magique et se laissa glisser jusqu'au sol. L'ogre voulut en faire autant, mais, sous son poids, le haricot se brisa. L'ogre tomba et se tua.
Quant à Jack, il ne put plus jamais remonter là-haut. Mais que lui importait : ils étaient riches, sa mère et lui !

Les Musiciens de Brême

Un jour, un vieil âne se dit :« Je ne suis plus assez fort pour tirer la charrette. Si j'allais à Brême, la ville des musiciens ? Je chanterais "hi-han !" et l'on me jetterait des sous. »
En chemin, il croisa un vieux chien dont personne ne voulait et lui proposa de l'accompagner. Plus loin, ce fut un chat qui se joignit à eux. Sa maîtresse l'avait chassé, car il n'arrivait plus à tuer les souris. Puis, ce fut le tour d'un coq que le fermier voulait mettre à la casserole.
La nuit les surprit dans une forêt.
– Où allons-nous dormir ? se demandèrent-ils.
Soudain, ils aperçurent une maison éclairée.
– Peut-être ces gens-là peuvent-ils nous héberger ? dit l'âne.
– Assurons-nous d'abord qu'ils sont aimables, répondit le coq.

Pour regarder par la fenêtre, le chien grimpa sur le dos de l'âne, le chat sur le dos du chien, et le coq se percha sur la tête du chat. Or, cette maison était un repaire de bandits. En les voyant avec leurs grands couteaux, les animaux prirent peur et crièrent en même temps :

– Hi-han, ouaf-ouaf, miaou, cocorico !

Les bandits, croyant que c'était un monstre, s'enfuirent. Alors, les animaux mangèrent leur repas, puis éteignirent la lampe et s'endormirent sur le tapis.

Un peu plus tard, le chef des bandits revint dans la maison pour voir si le monstre était parti. Il entra sur la pointe des pieds et, dans le noir, trébucha sur le chat, qui le griffa. Effrayé, il recula et marcha sur la queue du chien, qui le mordit. L'âne, réveillé en sursaut, lui décocha une ruade magistrale. Et le coq, persuadé que c'était le matin, se mit à chanter à tue-tête.

Le bandit se sauva à toutes jambes.

– Il n'y a pas un monstre chez nous, mais quatre, dit-il à ses compagnons. Une sorcière m'a griffé, un vampire m'a mordu, un géant m'a donné un coup de gourdin, et j'ai entendu hurler un mort-vivant. Allons nous installer ailleurs !

Les animaux restèrent donc dans la maison, où ils coulèrent des jours heureux. Ils y sont peut-être encore !

Le Petit homme dans la bouteille

Un jour, un pêcheur ramena une drôle de petite bouteille, dans ses filets. Quelque chose bougeait à l'intérieur. Il approcha ses yeux, regarda bien… et s'aperçut que c'était un minuscule bonhomme. En collant l'oreille contre le goulot, on pouvait l'entendre crier :

– Ouvre-moi ! ouvre-moi !

Le pêcheur, qui était serviable, déboucha la bouteille. Une fumée noire s'en échappa et se transforma en géant.

Au lieu de remercier son sauveur, le géant le prit dans sa main et dit :

– J'ai faim ! Je vais te croquer !

– D'accord ! répondit le pêcheur, qui était malin, mais avant, je veux savoir qui tu es.

– Un puissant génie.

– Que faisais-tu dans cette bouteille ?

– Le roi des génies m'y gardait enfermé depuis des siècles pour m'empêcher de nuire. Mais, maintenant que je suis libre, je vais mettre le monde à feu et à sang. Ha, ha, ha !

Le pêcheur réfléchit.

– Je ne te crois pas, dit-il. Si tu étais si puissant que tu le prétends, tu n'aurais eu besoin de personne pour te délivrer.

Le génie devint rouge de colère.

– Pour te prouver ma puissance, veux-tu que je déchaîne une tempête ? Que je fasse pousser des fleurs sur la mer ? Que je change le soleil en vache ?

– Pfff ! c'est bien trop facile ! Je suis sûr que tu n'es pas capable de redevenir tout petit et de rentrer dans la bouteille !

Aussitôt, le géant redevint tout petit et rentra dans la bouteille. Vite, le pêcheur la reboucha et la rejeta à la mer. Puis il continua sa pêche comme si de rien n'était !

L'Adroite fileuse

Il était une fois une fileuse si adroite que toutes les princesses faisaient appel à elle pour leurs robes de bal.

Un jour, le roi lui commanda le voile de mariée de sa fille. La fileuse se mit aussitôt à l'ouvrage et tissa un voile aussi délicat qu'une toile d'araignée. Mais, quand elle l'apporta à la princesse, celle-ci n'y jeta même pas les yeux.

– Je n'en veux pas, dit-elle. Il n'est pas assez fin.

La fileuse reprit sa quenouille et tissa, cette fois, un voile aussi léger que de la brume. Mais, quand elle l'apporta à la princesse, celle-ci n'y jeta même pas les yeux.

– Je n'en veux pas, dit-elle. Il n'est pas assez fin.

La fileuse reprit sa quenouille et fabriqua un voile aussi transparent que la brise. Mais, quand elle l'apporta à la princesse, celle-ci n'y jeta même pas les yeux.

– Je n'en veux pas, dit-elle. Il n'est pas assez fin.

Comme la noce approchait, le roi s'impatienta et menaça la fileuse :
– Si ce voile n'est pas prêt à temps, tu iras en prison !
La pauvre femme s'en retourna chez elle fort ennuyée, car, malgré son talent, elle ne pouvait faire mieux.
Alors, elle posa sa quenouille, et le jour de la noce elle n'apporta rien.
– Où est mon voile ? s'étonna la princesse.
– Le voici, répondit la fileuse en tendant ses mains vides. Mais il est si fin qu'on ne peut le voir.
La princesse s'estima satisfaite et se maria tête nue, convaincue de porter le voile le plus fin du monde !

La Chèvre de M. Seguin

Ah ! qu'elle était jolie cette petite chèvre blanche ! M. Seguin ne se lassait pas de l'admirer !
– Celle-là, le loup ne la mangera pas ! répétait-il à tout le monde.
Pauvre M. Seguin ! Avant Blanquette, il avait eu huit chèvres, et elles s'étaient toutes sauvées pour aller gambader dans la montagne.
Or, dans la montagne, il y avait le loup…
Mais, cette fois, M. Seguin était bien décidé à garder sa chèvre ! Il lui fit un bel enclos, la caressa, lui parla doucement :
– Tu seras si heureuse, ici, que tu n'auras pas envie de t'enfuir, disait-il.
– Mêêê, approuvait doucement Blanquette.
Hélas, les chèvres sont vagabondes. En grandissant, elle se mit, elle aussi, à rêver de liberté.
– Laissez-moi aller dans la montagne ! demanda-t-elle un jour à M. Seguin.
Le brave homme refusa, et, pour qu'elle ne soit pas tentée de désobéir, il l'enferma dans l'étable.

Dès qu'il eut le dos tourné, Blanquette sauta par la fenêtre ouverte et courut dans la montagne.
Tout le jour, elle brouta une herbe délicieuse, bondit par-dessus les précipices et escalada les rochers. Jamais elle ne s'était autant amusée !
Puis vint le soir ; deux yeux cruels brillèrent dans l'obscurité.
Le loup !
– Blanquette ! Reviens ! criait M. Seguin, du seuil de sa maison.
Blanquette ne l'entendait pas. Elle était bien trop occupée à repousser le loup avec ses petites cornes !
Elle se battit courageusement toute la nuit. Mais, comme le loup était plus fort qu'elle, au matin, il la dévora.

La Princesse capricieuse

Un roi avait une fille qu'il aimait tendrement. Il lui passait tous ses caprices, si bien qu'en grandissant elle devint de plus en plus exigeante.
– Je veux un collier de bulles de savon, décida-t-elle un jour.
Le roi, qui ne pouvait rien lui refuser, fit aussitôt venir son joaillier. Mais, en dépit de son savoir-faire, ce dernier ne put satisfaire la princesse, car chaque fois qu'il tentait d'attraper une bulle pour l'enfiler, elle éclatait.
Le roi, furieux, le traita d'incapable et le jeta en prison.
Or, ce joaillier avait un fils prénommé Guillaume, qui était aussi malin qu'un singe.
– Moi, je peux fabriquer ce collier, annonça-t-il au roi.
– Et que demandes-tu en échange ?
– La liberté de mon père.
Le roi accepta, mais le prévint qu'en cas d'échec ils auraient, son père et lui, la tête tranchée.

Sous les yeux intéressés de la princesse, Guillaume se munit d'un fil d'or, d'une aiguille, ainsi que d'un godet d'eau savonneuse et d'une vieille pipe.
Bientôt, une myriade de bulles dansèrent dans l'air. Alors, il enfila l'aiguille et dit à la princesse :
– J'ai besoin de votre aide. Les bulles sont si fragiles que seuls des doigts de princesse peuvent les toucher sans qu'elles éclatent !
La princesse partit à la chasse aux bulles… et n'en attrapa pas une seule ! Ce qui la vexa.
– Tout compte fait, je préfère les colliers de perles ! déclara-t-elle, car elle ne voulait pas admettre sa maladresse.
Ainsi le fils du joaillier sauva-t-il sa tête, et celle de son père !

Le Coffre volant

À la mort de son père, Nabil hérita d'un coffre volant. Il lui suffisait de s'asseoir dedans pour s'envoler où bon lui semblait. Il décida donc de voyager, et parvint dans la ville de Bagdad.

– Quelle est cette grande tour blanche ? demanda-t-il à un passant.

– La demeure de la princesse Zénab. Son père l'y a enfermée pour la soustraire au regard des hommes.

Une princesse captive ! Quelle aubaine !

La nuit venue, Nabil atterrit sur le toit de la tour et se glissa dans la chambre de Zénab, endormie. Elle était si belle qu'il ne put s'empêcher de l'embrasser.

La princesse, éveillée en sursaut, voulut crier.

– N'aie crainte, lui dit-il. Je suis le roi des cieux et je veux t'épouser.

Ravie de devenir la femme du roi des cieux, Zénab s'empressa d'avertir ses parents.

Le sultan, très flatté d'avoir un aussi glorieux gendre, décida que la noce aurait lieu le lendemain. En apprenant la bonne nouvelle, toute la ville fut en liesse.

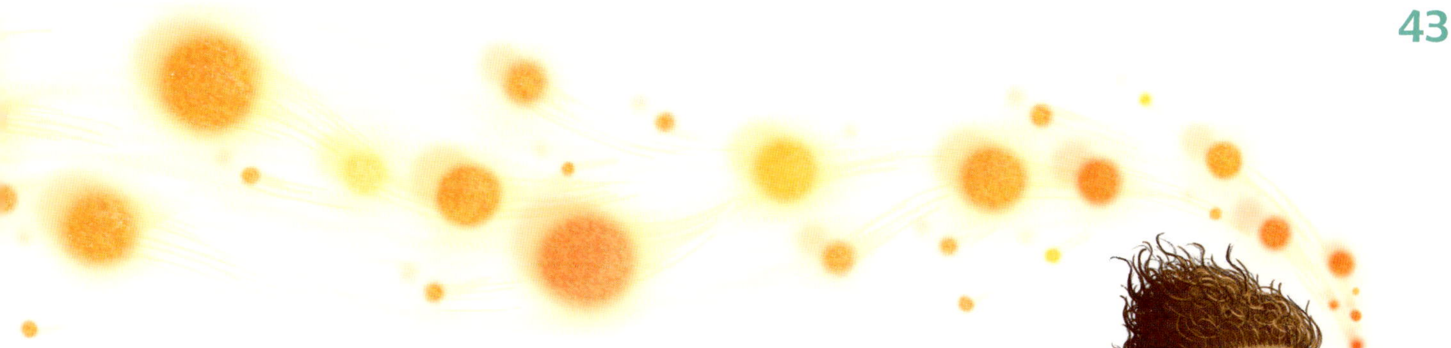

Nabil, qui voulait être digne du rôle qu'il jouait, alla vite en Chine acheter des feux de Bengale pour illuminer le ciel de Bagdad. Et la population, éblouie, cria :
– Le roi des cieux a décroché les étoiles en l'honneur de sa fiancée !
Hélas, une étincelle tomba sur le coffre et le brûla. Nabil dégringola et on ne le revit plus jamais.

On mit sa disparition sur le compte d'un caprice divin. La princesse pleura, puis se consola. Et resta très fière d'avoir été, ne serait-ce qu'une nuit, « la fiancée du roi des cieux » !

Le Nigaud

– Basile, va vendre la vache au marché, dit un paysan à son fils. Et tires-en un bon prix !

Basile, qui était un peu nigaud, prit la vache et partit. Mais, en chemin, il rencontra le berger, qui s'écria :

– Que ta vache est maigre, mon pauvre Basile ! Personne n'en voudra ! Pour te rendre service, je veux bien te l'échanger contre ma brebis grasse.

« Bonne affaire ! » pensa le nigaud.

Il prit la brebis et continua sa route. Mais, en chemin, il rencontra la mère Fanchon, qui s'écria :

– Que ta brebis est vieille, mon pauvre Basile ! Personne n'en voudra ! Pour te rendre service, je veux bien te l'échanger contre mon oie blanche.

« Bonne affaire ! » pensa le nigaud.

Il prit l'oie et continua sa route. Mais, en chemin, il rencontra maître Pierre, qui s'écria :

– Que ton oie est laide, mon pauvre Basile ! Personne n'en voudra ! Pour te rendre service, je veux bien te l'échanger contre mon poulet de grain.

« Bonne affaire ! » pensa le nigaud.
Il prit le poulet et continua sa route. Mais, en chemin, il rencontra la fille du cantonnier, qui s'écria :
– Que ton poulet est petit, mon pauvre Basile ! Personne n'en voudra ! Pour te rendre service, je veux bien te l'échanger contre ce bouquet de fleurs.
« Bonne affaire ! » pensa le nigaud.
Il prit le bouquet et continua sa route. Mais, en chemin, il rencontra une princesse, qui s'écria :
– Que tes fleurs sont jolies, Basile ! Pour mon plaisir et le tien, je te les échange contre mon cœur.
– Avec joie ! répondit le nigaud.
Et il épousa la princesse.

Les Fées

Une méchante femme avait deux filles : Jeanne et Margot. Jeanne, qui lui ressemblait, était sa préférée. Elle la gâtait beaucoup et obligeait sa sœur à faire toutes les corvées.

Un matin, en revenant d'avoir été puiser de l'eau à la fontaine, Margot rencontra une mendiante, qui lui demanda à boire.

La jeune fille avait bon cœur. Elle lui tendit sa cruche. Après s'être désaltérée, la mendiante, qui était une fée déguisée, déclara :

– Pour te remercier de ta gentillesse, chaque fois que tu parleras, des roses et des diamants sortiront de ta bouche.

En voyant le don de Margot, la mère dit à sa fille aînée :

– Cours chercher de l'eau à la fontaine. Et si tu rencontres une mendiante, n'oublie pas de lui donner à boire !

Jeanne obéit en ronchonnant, car elle n'aimait pas rendre service. En revanche, l'idée de cracher des roses et des diamants lui plaisait beaucoup !

Malheureusement pour elle, ce ne fut pas une mendiante qu'elle croisa en chemin, mais une belle dame. La fée, qui était rusée, avait changé d'apparence pour la piéger.
Lorsqu'elle lui demanda à boire, Jeanne l'envoya promener.
– Pour te punir de ta méchanceté, chaque fois que tu parleras, des grenouilles, des crapauds et des serpents sortiront de ta bouche ! lui dit alors la fée.
Peu après, le fils du roi, ébloui par le don de Margot, l'épousa. Quant à Jeanne et à sa méchante mère, elles s'installèrent près d'un étang et devinrent éleveuses de grenouilles, de crapauds et de serpents. Quel vilain métier !

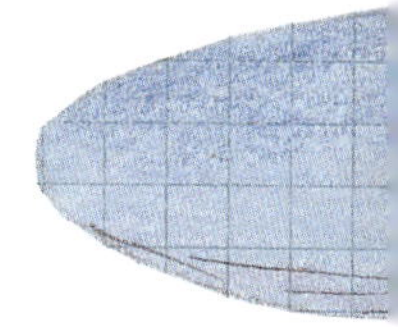

Raiponce

Une femme qui attendait un enfant eut envie de raiponces, ces fleurs printanières que l'on mange en salade. Comme il y en avait dans un jardin voisin, son mari y entra en cachette pour les cueillir. Mais la propriétaire du jardin le surprit.
C'était une sorcière.
– Je veux bien te donner mes raiponces, à une seule condition, lui dit-elle. Si ta femme met au monde une fille, elle sera à moi.
Le mari, convaincu qu'il aurait un garçon, accepta. Mais il eut une fille. La sorcière la prit et la nomma Raiponce.
Quand Raiponce eut quinze ans, la sorcière l'enferma dans une haute tour, sans portes, ni fenêtres. Pour lui rendre visite, elle lui criait :
– Petite, envoie-moi tes cheveux !
Docilement, la jeune fille laissait pendre ses longues nattes d'or, du haut du donjon. La sorcière s'y agrippait et se hissait jusqu'à elle.

Un jour, le fils du roi surprit leur manège. Il tomba amoureux de la belle prisonnière et, dès que la sorcière fut partie, il cria à son tour :
– Petite, envoie-moi tes cheveux !
Imaginez la joie de Raiponce quand apparut un prince charmant à la place de la vieille sorcière ! Ils prirent l'habitude de se voir chaque jour. Hélas ! la sorcière se douta de quelque chose. Un jour, au lieu de s'en aller, elle se cacha dans un coin du donjon. Et, lorsque le prince fut suspendu aux nattes de Raiponce, elle les coupa. Le prince tomba dans le vide et devint aveugle. Pour punir Raiponce, la sorcière l'abandonna au fond d'un bois aussi sombre que la nuit.

Cependant, le fils du roi cherchait sa bien-aimée. Comme il avait appris à se diriger dans le noir, il pénétra dans le bois et l'entendit pleurer.

– Raiponce, est-ce toi ? cria-t-il, le cœur battant.

Elle reconnut sa voix et se jeta dans ses bras. Ses larmes coulèrent sur les paupières du prince qui, aussitôt, recouvra la vue.

Il emmena sa fiancée au palais du roi, où ils purent enfin s'aimer au grand jour !

Blanche-Neige et les sept nains

Il était une fois une princesse à la peau si blanche qu'on l'appelait Blanche-Neige. Son père, qui était veuf, s'était remarié avec une femme très belle et très méchante. Cette méchante reine possédait un miroir à qui elle demandait chaque jour :

– Miroir, mon beau miroir, qui est la plus belle ?

– Vous, Majesté, répondait le miroir.

Mais un jour, il dit :

– La princesse Blanche-Neige est plus belle que vous.

La reine fut si vexée qu'elle chargea son valet de tuer la jeune fille. Mais il ne le fit pas, et l'abandonna dans les bois. Par bonheur, sept nains bûcherons la recueillirent, si bien que lorsque la reine demanda à son miroir :

– Miroir, mon beau miroir, qui est la plus belle ?

Le miroir répondit :

– La princesse Blanche-Neige, qui vit avec les nains de la forêt, est plus belle que vous.

La reine, alors, entra dans une grande colère. Elle se déguisa en vieille femme et se rendit dans la maison des nains. En se faisant passer pour une marchande de fruits, elle offrit à Blanche-Neige une pomme empoisonnée. Celle-ci croqua dedans, et tomba sur le sol, comme morte. Lorsque les nains rentrèrent, ils pleurèrent beaucoup et mirent leur protégée dans un cercueil de verre, parmi les fleurs et les oiseaux. Un prince qui passait par là la trouva si touchante qu'il ouvrit le cercueil et l'embrassa. Aussitôt, Blanche-Neige, qui n'était qu'endormie, s'éveilla. Et le prince l'emporta sur son beau cheval blanc.

Quant à la méchante reine, elle devint verte de rage, ce qui la rendit affreuse !

La Source de jouvence

Assis sur le seuil de leur porte, un très vieil homme et une très vieille femme pleuraient.

– Qu'avez-vous ? leur demanda une fée.

– Nos cheveux sont blancs, répondirent-ils. Bientôt, la mort nous séparera, nous qui vivons ensemble depuis un demi-siècle.

– Cela peut s'arranger, dit la fée. Dans ce bois coule une source de jouvence. Celui qui en boit rajeunit de dix ans à chaque gorgée.

– Allons-y ! s'écrièrent les vieillards, tout joyeux.

– Vous devez vous y rendre séparément, précisa la fée avant de disparaître.

La vieille partit la première, d'un petit pas tremblant. Elle revint un peu plus tard aussi jeune et fraîche qu'au jour de ses noces.

– J'ai bu cinq gorgées, dit-elle à son mari. À ton tour !

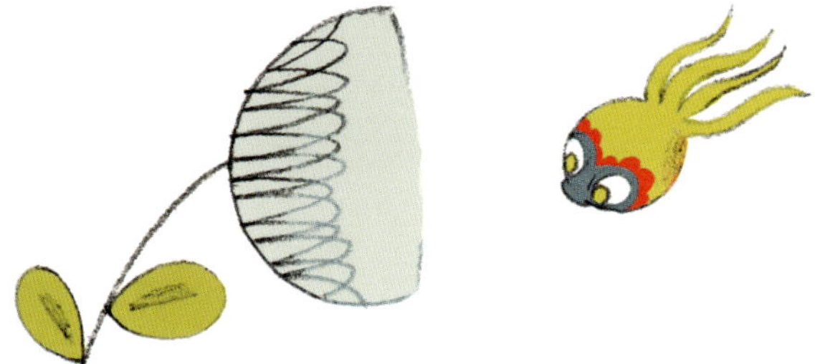

Il s'en fut, lui aussi, le dos courbé par l'âge. Imaginez avec quelle impatience elle attendit son retour !
Hélas, les heures passèrent et il ne revint pas. Sa femme, inquiète, partit à sa recherche. Mais devant la source de jouvence, il n'y avait personne. Toute désemparée, elle le cherchait des yeux, quand un petit cri se fit entendre. Il provenait des hautes herbes bordant la source. Elle les écarta et trouva un bébé dont les traits lui étaient familiers.
– Mon mari ? demanda-t-elle. Est-ce toi ?
Elle l'examina, puis hocha la tête.
– Oui, c'est bien toi… D'ailleurs, quoi d'étonnant ? Comme à ton habitude, tu as encore trop bu !
Elle le prit dans ses bras et, joyeusement, l'emporta chez elle. Car elle rêvait d'être mère et n'avait jamais pu avoir d'enfant !

Le Rossignol et l'empereur

Dans le jardin de l'empereur de Chine, un rossignol chantait. Et son chant était si beau que tous les visiteurs disaient :
– L'empereur de Chine a un palais splendide, des habits somptueux et des bijoux superbes. Mais ce qu'il a de mieux, c'est son rossignol !
On venait de partout pour l'écouter.
L'empereur était très fier de son rossignol. « Je t'adore ! » lui répétait-il du matin au soir, ce qui flattait l'oiseau. Car être adoré d'un empereur, ce n'est pas donné à tout le monde !
Un jour, un paquet arriva au palais. C'était un cadeau de la reine du Japon. Il contenait un oiseau mécanique fait d'or et de diamants. Quand on le remontait, il chantait merveilleusement. L'empereur fut pris d'un tel amour pour cet oiseau qu'il délaissa le rossignol. Vexé, celui-ci s'enfuit dans la forêt. L'empereur ne remarqua même pas son absence : il était bien trop occupé à écouter son oiseau mécanique !

Mais les machines s'usent quand on les utilise trop. Ce fut ce qui arriva à l'oiseau mécanique. Au beau milieu d'un chant, il fit :

– Crouic… brouic…

Et il se tut.

L'empereur eut tant de peine qu'il tomba gravement malade.

Il était sur le point de mourir quand, soudain, un chant merveilleux résonna à son oreille. C'était le rossignol, qui, apprenant sa maladie, était revenu…

L'empereur en fut si heureux qu'il guérit rapidement. Le rossignol retrouva sa place au palais, et, jusqu'à la fin de sa vie, l'empereur lui répéta du matin au soir :

– Je t'adore !

La Princesse sur un pois

Un prince charmant, qui était en âge de se marier, ne voulait épouser qu'une vraie princesse. Mais où la trouver ? Les vraies princesses étaient si rares…

Un soir d'orage, une jeune fille frappa à la porte du palais. Son carrosse était tombé en panne, et elle ne savait pas où dormir.

– Puis-je loger chez vous ? demanda-t-elle au roi et à la reine.

Et elle précisa :

– Je suis une vraie princesse.

Le roi lui lança un regard méfiant : avec ses cheveux mouillés et ses habits dégoulinants, elle n'avait pas du tout, du tout l'air d'une princesse !

– Nous allons vérifier ! souffla la reine à son époux.

Dans le lit de la chambre d'amis, elle mit un petit pois sur lequel elle entassa dix matelas très épais, dix matelas moins épais, et dix édredons de plume. L'oreiller touchait presque le plafond, si bien que pour se coucher il fallait une échelle !

Le lendemain, quand la jeune fille vint prendre son petit déjeuner, elle était de très mauvaise humeur.

– Je n'ai pas fermé l'œil de la nuit, se plaignit-elle. Il y avait quelque chose de dur au fond de mon lit. Regardez : j'ai des bleus partout !

Elle avait senti le petit pois à travers les vingt matelas et les dix édredons !

« Une peau si délicate appartient forcément à une vraie princesse ! » se dit la reine.

Elle s'empressa d'en informer son fils, qui, tout heureux, la demanda en mariage. La princesse accepta, à condition qu'il n'y ait plus jamais, jamais, de pois dans son lit. Juste un prince charmant très doux !

La Rose pimpernelle

Un roi avait tout pour être heureux : une charmante femme, deux beaux enfants et de grandes richesses. Mais il lui manquait la rose pimpernelle.
Son désir de la posséder était si grand qu'il dit un jour à ses enfants :
– Celui d'entre vous qui m'apportera la rose pimpernelle aura la moitié de mon royaume.
Le prince et la princesse partirent chacun de son côté. Mais le prince eut beau fouiller tous les jardins du pays, il ne rapporta qu'une fleur d'églantine, qui se fana en route.
Sa sœur, en revanche, trouva la rose.
Fou de jalousie, le prince la tua et l'enterra au pied d'un hêtre. Puis, il donna la rose pimpernelle à son père et reçut la moitié du royaume.
La disparition de la princesse fut mise sur le compte de bandits, et le roi et la reine restèrent inconsolables.

Le temps passa. Un jour, un petit paysan coupa une branche du hêtre et en fit un sifflet. Lorsqu'il souffla dedans, on entendit la voix de la princesse, qui chantait :
– Ce n'est pas toi qui m'as tuée !
La chose vint aux oreilles du roi, qui décréta :
– Toute la population doit souffler dans le sifflet !
Ce fut fait. Et, à chaque personne, le sifflet chantait :
– Ce n'est pas toi qui m'as tuée !
Puis vint le tour du prince. Quand il souffla dans le sifflet, la voix de la princesse chanta :
– C'est toi qui m'as tuée !
Pour punir le coupable, le roi lui fit couper la tête. On l'enterra près de sa sœur. Et, quand le vent souffla dans les branches du hêtre, celui-ci chanta :
– Bien fait pour toi !

Le Loup et les sept chevreaux

Un jour, maman chèvre dit à ses sept chevreaux :

– Pendant mon absence, n'ouvrez à personne ! Surtout pas au loup !

– Comment le reconnaîtrons-nous ? demandèrent les chevreaux.

– Il a une grosse voix et des pattes toutes noires.

À peine était-elle partie que le loup frappa à la porte.

– Je suis votre mère, mes petits ! rusa-t-il. Ouvrez-moi, j'ai oublié ma clé !

Mais les chevreaux le reconnurent :

– Tu es le loup ! Tu as une grosse voix !

Le loup courut demander du miel aux abeilles pour adoucir sa voix. Puis il revint et dit :

– Ouvrez-moi, mes petits ! Je suis votre maman !

– Montre-nous ta patte ! exigèrent les chevreaux.

Et le loup montra sa patte.

– Elle est toute noire ! Tu es le loup !

Le loup courut au moulin tremper sa patte dans la farine. Trompés par sa voix douce et sa patte blanche, les chevreaux lui ouvrirent la porte. Le loup les mangea tous, sauf le plus petit, qui s'était caché dans l'horloge.

Imaginez le chagrin de la pauvre chèvre quand elle rentra !
Par chance, le loup s'était endormi à l'ombre d'un arbre pour digérer. Et ce gros glouton avait avalé les chevreaux sans même les mâcher. On les voyait bouger sous la peau de son ventre !
Vite, vite, la chèvre alla chercher une paire de ciseaux, ouvrit le ventre du loup et en sortit ses petits. Puis elle mit des pierres à la place.
Quand le loup s'éveilla, il eut soif. Il se pencha vers l'étang pour boire. Entraîné par le poids des pierres, il tomba dedans et se noya.

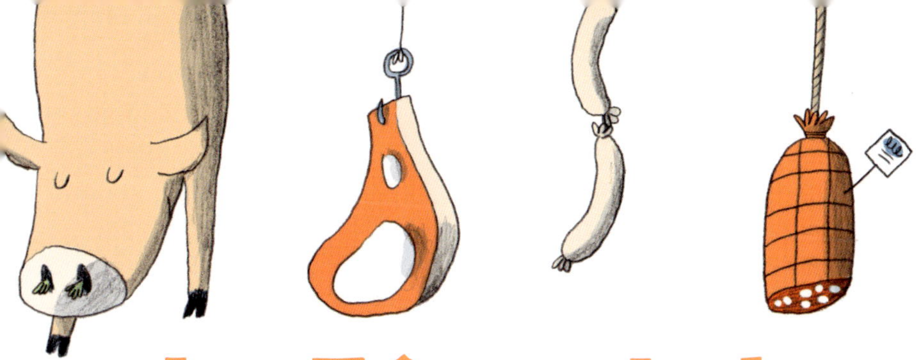

La Fée et le boucher

Trois petits enfants glanaient dans les champs. Un boucher les vit et se dit : « La bonne affaire ! Ces agnelets-là sont tendres et dodus. Rôtis à la broche, ils seront délicieux ! »

– Voulez-vous des gâteaux ? leur proposa-t-il d'un ton mielleux.

Les petits enfants étaient gourmands.

– Oh, oui ! répondirent-ils, les yeux brillants.

– Alors, venez chez moi. Je vais vous en donner.

– Notre mère nous interdit de suivre des inconnus, rappela l'aîné des enfants à ses frères.

– Je ne suis pas un inconnu, dit le boucher. Je suis le boucher.

Rassurés, les enfants l'accompagnèrent à la boucherie. Mais, à peine arrivés, couic ! il les zigouilla, les coupa en morceaux et les mit au frigo.

Cependant, une fée avait vu son manège. Elle entra dans la boucherie sous prétexte d'acheter de la viande fraîche.

– Que préférez-vous ? lui demanda le boucher. Du bœuf ? Du mouton ? Du porc ? Du lapin ?

À chaque proposition, la fée secouait la tête. Le bœuf était trop dur, le mouton, trop mou, le porc, trop gras, le lapin, trop maigre.

– C'est pour le mariage de notre reine, précisa-t-elle. Je veux ce que vous avez de meilleur !

Le boucher, sans méfiance, ouvrit le frigo. La fée reconnut les enfants. Elle leva sa baguette magique et les ressuscita.

– J'ai bien dormi, dit l'aîné en bâillant.

– Moi aussi, ajouta le deuxième.

– Je me croyais au paradis, soupira le plus petit.

La fée les ramena bien vite chez leur mère, et pour punir le boucher, elle le changea en boudin !

Riquet à la houppe

Une reine mit au monde un garçon si laid qu'on aurait dit un singe. Pour la consoler, une de ses amies fées lui promit que son fils serait très intelligent. De plus, il aurait le don de rendre intelligente une personne de son choix.

Le petit garçon fut surnommé « Riquet à la houppe », car il avait une vilaine houppe de cheveux sur la tête.

Peu de temps après, dans un royaume voisin, naquit une princesse belle comme le jour. Mais, en grandissant, la princesse se révéla complètement idiote, au grand dam de ses parents. Pour les consoler, une fée lui fit le don de rendre belle une personne de son choix.

Un jour qu'il se promenait dans la forêt qui séparait les deux royaumes, Riquet rencontra la princesse. Elle pleurait, car sa bêtise énervait tout le monde, même ses parents. Et, malgré sa beauté, elle n'avait pas d'amis.

– Je peux te rendre intelligente, lui dit Riquet. Mais en échange, dans un an, tu deviendras ma femme.

La princesse accepta, et elle devint si intelligente que tous les princes du pays demandèrent sa main.

Oubliant sa promesse, elle chercha lequel elle allait épouser. Mais elle leur trouvait, à tous, un défaut. L'un était sot, l'autre, vaniteux, le troisième, brutal, et ainsi de suite.

Enfin vint un prince qui lui sembla parfait. Cependant, elle hésitait encore.

Elle se promenait dans la forêt en réfléchissant à sa décision, quand elle entendit un bruit bizarre. Des cuisiniers sortaient de terre avec des plats fumants qu'ils posaient sur une immense table de banquet.

– Que se passe-t-il ? leur demanda-t-elle.

– Nous préparons la noce de Riquet à la houppe, répondirent-ils.

– Avec qui ?

– Vous, princesse.

Au même instant, Riquet s'approcha en costume de marié.

– L'année est finie, lui annonça-t-il.

– Je ne veux pas t'épouser, dit la princesse, très ennuyée. Tu es trop laid.

– Mais tu peux me rendre beau, si tu le souhaites.

La princesse, alors, se rendit compte que c'était lui, l'homme parfait qu'elle attendait. Et elle se jeta dans ses bras !

Les Souhaits ridicules

Un couple de paysans se lamentait sur son sort.

– Ah ! que la vie est dure ! répétait le mari. Nous trimons du matin au soir et nous sommes toujours aussi pauvres.

– Ce n'est pas juste, ajoutait sa femme. Pourquoi certaines personnes ont-elles tout et d'autres, rien ?

Une fée qui passait par là les entendit et, prise de pitié, leur dit :

– Je vous accorde trois vœux. Usez-en judicieusement !

Croyant à une plaisanterie, le mari s'esclaffa :

– J'ai envie d'une saucisse !

Aussitôt – ô surprise ! – il eut dans son assiette une magnifique saucisse, rôtie à point.

Le premier instant de stupeur passé, sa femme se mit en colère :

– Tu es complètement fou, ma parole ! Nous pouvions souhaiter la beauté, le pouvoir ou la fortune, et toi, tu demandes une saucisse ? As-tu perdu l'esprit ?

– Inutile de t'emporter ! répliqua le mari. Il nous reste deux vœux. C'est bien suffisant !

– N'empêche que tu as stupidement gâché le premier ! s'entêta la femme.

Une dispute s'ensuivit, durant laquelle le mari cria étourdiment :
– Espèce de mégère, tu mériterais que cette saucisse te pende au nez !
Et vloup ! la saucisse sauta au nez de la paysanne, où elle resta accrochée comme une trompe.
En la voyant ainsi défigurée, son mari n'eut d'autre choix que de souhaiter :
– Je veux que la saucisse retourne dans mon assiette.
Ainsi restèrent-ils aussi pauvres qu'avant. Et, leur sottise leur ayant coupé l'appétit, ils ne mangèrent même pas la saucisse. Ce fut le chien qui en profita !

Cendrillon

Cendrillon travaillait du matin au soir, pendant qu'Anastasie et Javotte, ses méchantes demi-sœurs, se pomponnaient dans leur chambre.
Un jour, le roi organisa un grand bal en l'honneur de son fils, le prince charmant. Anastasie et Javotte, comme toutes les jeunes filles du royaume, y furent invitées. Mais Cendrillon resta à la maison, dans ses vieux habits déchirés.
Elle pleurait quand sa marraine la fée apparut.
– Apporte-moi une citrouille, deux rats et quatre souris, lui dit-elle.
Cendrillon obéit, et la fée transforma la citrouille en carrosse, les rats en laquais et les souris en chevaux blancs. Puis, d'un coup de baguette magique, elle changea les vieux habits de Cendrillon en une robe magnifique et ses vilains chaussons en pantoufles de verre.
– Surveille l'heure, car au dernier coup de minuit, tout redeviendra comme avant, la prévint sa marraine.

L'arrivée de Cendrillon au bal fit sensation. Le prince ne dansa qu'avec elle. Dans ses bras, la jeune fille ne vit pas passer le temps. Lorsque sonna minuit, elle se rappela le conseil de la fée et se sauva si vite qu'elle perdit l'une de ses pantoufles de verre.
Le prince la ramassa, et la fit essayer à toutes les jeunes filles du royaume, dans l'espoir de retrouver sa belle cavalière. Mais la pantoufle n'allait à personne…
Sauf à Cendrillon, qui passa la dernière !
Malgré ses habits déchirés, le prince la reconnut et la demanda en mariage. Anastasie et Javotte en furent malades de jalousie !

Princesse Turandot

– Que se passe-t-il, ici ? demanda Calaf le voyageur, en entrant dans une ville en deuil.

On le lui expliqua : la fille du roi, la princesse Turandot, était aussi méchante que belle. À tous ceux qui voulaient l'épouser, elle posait une question. S'ils ne pouvaient pas y répondre, elle leur faisait couper la tête.

« Je veux voir cette femme extraordinaire », décida Calaf.

Chaque matin, Turandot se promenait dans les rues de la ville. Il se plaça donc sur son chemin… et en tomba aussitôt amoureux.

Il courut demander sa main au roi, qui lui dit :

– Tu es trop jeune pour mourir !

– Plutôt mourir que vivre sans Turandot ! répondit Calaf.

En sortant du palais, il aperçut une vieille femme malmenée par trois hommes. Au péril de sa vie, il la défendit, et mit les malfaiteurs en fuite.

Pour le remercier, la vieille femme – qui était la nourrice de Turandot – lui souffla :

– À la question que te posera ma maîtresse, réponds « l'homme ».

Le lendemain, en présence de la cour, la princesse interrogea Calaf :

– Quel est l'animal qui, le matin, marche sur quatre pattes, à midi sur deux, et le soir sur trois ?

– L'homme, répondit Calaf sans hésiter.

À ces mots, la princesse pâlit, le roi sourit – car il était content d'avoir un gendre – et la cour applaudit.

Calaf et Turandot se marièrent. Et comme il était beau, gentil et courageux, la princesse ne regretta pas qu'il ait trouvé la solution de l'énigme. Lui, en revanche, le regretta, car sa femme était une vraie peste !

Les Trois Petits Cochons

Il était une fois trois petits cochons qui voulaient bâtir leur maison. L'aîné, Nif-Nif, qui était paresseux, construisit sa maison en paille. Ce fut très vite fait. Le deuxième, Nouf-Nouf, la construisit en bois, ce qui prit un peu plus de temps. Mais le troisième, Naf-Naf, qui était le plus courageux des trois, la construisit en brique. Pendant que ses frères chantaient, dansaient et jouaient à saute-mouton, il cuisait les briques et mélangeait le mortier.

Ses frères se moquaient de lui, mais il leur répondait :

– Ma maison sera bien plus solide que les vôtres. Vous verrez, quand le loup viendra !

En effet, il vint ! Il toqua d'abord à la porte de Nif-Nif, et, comme le petit cochon n'ouvrait pas, il souffla de toutes ses forces… et pfut ! la maison s'envola.

Vite, vite, Nif-Nif courut se réfugier chez son frère Nouf-Nouf.
Le loup le suivit et toqua à la porte de la maison de bois. Comme Nouf-Nouf n'ouvrait pas, il donna un énorme coup de pied… et crac ! la maison s'effondra.
Vite, vite, Nif-Nif et Nouf-Nouf coururent se réfugier chez leur frère Naf-Naf.
Le loup les suivit et toqua à la porte de la maison de brique. Comme Naf-Naf n'ouvrait pas, il souffla, puis donna des coups de pied, des coups de tête, des coups de dents… rien à faire ! La maison était si solide qu'elle ne bougea pas.
Alors, le Grand Méchant Loup monta sur le toit pour entrer par la cheminée. Mais comme Naf-Naf avait fait du feu, il se brûla les fesses !

Hänsel et Gretel

Un bûcheron avait deux enfants, Hänsel et Gretel, qu'il emmenait souvent se promener dans la forêt. Un jour, en jouant à cache-cache, les deux enfants se perdirent.
Quand ils s'aperçurent qu'ils étaient tout seuls, ils se mirent à pleurer. Comme la nuit tombait, ils cherchèrent un endroit où dormir.
Et que trouvèrent-ils ? Une maison en pain d'épice, si appétissante qu'ils ne purent s'empêcher d'en goûter un petit bout.
Aussitôt, une sorcière apparut à la fenêtre.
– Petits garnements ! s'écria-t-elle. Je vous interdis de manger ma maison !
Et, les attrapant chacun par l'oreille, elle les enferma dans une cage.

Le lendemain, elle libéra Gretel et lui ordonna de faire le ménage. Hänsel, lui, resta prisonnier, mais eut droit à un énorme repas.
Les semaines passèrent. Gretel travaillait tant qu'elle devenait de plus en plus maigre, et son frère mangeait tant qu'il devenait de plus en plus gros. Quand il fut aussi dodu qu'un porcelet, la sorcière dit à Gretel :
– Allume le four, nous allons le faire cuire.
La pauvre Gretel, en larmes, fut forcée d'obéir. Mais, comme la sorcière se penchait vers le four pour voir s'il était assez chaud, elle la poussa dedans… Et hop ! plus de sorcière !
Gretel s'empressa de délivrer son frère, et ils rentrèrent chez eux. Imaginez la joie de leur père en les voyant !
Et puisque la sorcière était morte, ils s'installèrent tous trois dans sa maison, où ils vécurent très heureux, en mangeant du pain d'épice à tous les repas !

Le Coq et le roi

Un vieux paysan possédait un coq, et sa voisine avait une poule.

– Donne-moi un œuf, lui demanda-t-il un jour.

– Tu n'as qu'à battre ton coq pour l'obliger à pondre ! lui répondit-elle en riant.

Le paysan suivit son conseil.

– Arrêtez, mon maître ! cria le coq, en voletant à droite et à gauche pour échapper aux coups. Les coqs ne pondent pas ! Si vous voulez des œufs, il faut les acheter !

– Je n'ai pas d'argent, dit le paysan.

– Je vais vous en chercher, décida le coq.

Il courut chez le roi.

– Cocorico ! Majesté qui êtes si riche, donnez-moi de l'argent pour mon maître !

Furieux d'avoir été réveillé de si bon matin, le roi ordonna à ses domestiques :

– Noyez ce coq dans l'étang !

Le coq, qui avait soif, but toute l'eau de l'étang.

Puis il retourna au palais.
– Cocorico ! Majesté qui êtes si riche, donnez-moi de l'argent pour mon maître !
Le roi, qui se rendormait, ordonna à ses domestiques :
– Faites rôtir ce coq !
À peine dans le four, le coq recracha l'eau qu'il avait avalée et le feu s'éteignit. Puis il retourna au palais.
– Cocorico ! Majesté qui êtes si riche, donnez-moi de l'argent pour mon maître !
– Enfermez ce coq dans la basse-cour, ordonna le roi à ses domestiques.
Le coq, qui était malin, mangea toutes les poules et courut chez son maître.
– Voilà vos œufs ! déclara-t-il, en recrachant les poules du roi.
Ce fut au tour du paysan de rire !
– Regarde ce que mon coq a pondu par le bec ! dit-il à sa voisine. Ta poule peut-elle en faire autant ?

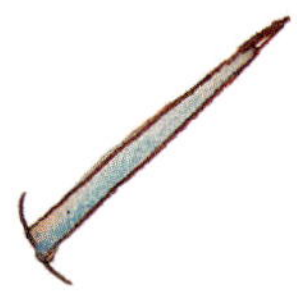

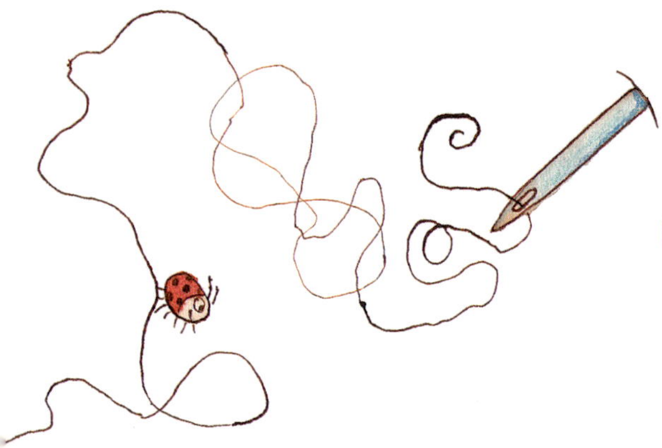

Les Habits neufs de l'empereur

Il était une fois un empereur très coquet. Il adorait les beaux habits et n'en avait jamais assez. Un petit malin voulut en profiter pour s'enrichir à ses dépens.

– Je peux vous confectionner le plus magnifique habit du monde, lui dit-il. Mais j'ai besoin de cent pièces d'or pour acheter le tissu.

L'empereur les lui donna. Le petit malin les mit dans sa poche et fit semblant de coudre, sans utiliser ni tissu ni fil.

Comme l'empereur s'étonnait, il lui expliqua :

– J'emploie un tissu spécial : seuls les gens intelligents peuvent le voir. Pour les imbéciles, il est invisible.

L'empereur, qui se croyait très intelligent, fit semblant de voir le tissu, et la cour l'imita.

Quand l'habit fut prêt, l'empereur l'enfila. En réalité, il était tout nu, mais la cour s'extasia :
– Quel habit magnifique !
Car ni l'impératrice, ni les ministres, ni les domestiques ne voulaient passer pour des imbéciles !
– Je mettrai cet habit pour la fête nationale, annonça l'empereur, enchanté de recevoir autant de compliments.
Toute la population fut bientôt au courant. Aussi, quand vint le jour de la fête nationale, l'empereur et son habit magique furent-ils accueillis par des applaudissements.
– Quelle élégance ! affirmaient les uns.
– Quel raffinement ! ajoutaient les autres.
Seul un petit garçon dit à voix haute :
– Oh ! L'empereur est tout nu !
Mais il reçut une claque de la part de son père. Et sa mère pleura, parce qu'elle était triste d'avoir pour fils un imbécile !

Le Chat botté

À la mort du meunier, son fils aîné hérita du moulin et son fils cadet de l'âne. Le plus jeune ne reçut que le chat. Mais c'était un chat qui parlait !

– Je vais vous rendre riche ! promit-il à son maître. Fabriquez-moi des bottes et un chapeau à plumes, puis faites ce que je vous dirai !

Après avoir chaussé ses bottes et mis son chapeau sur la tête, le chat lui ordonna :

– Déshabillez-vous et baignez-vous tout nu dans la rivière.

Tous les matins, la fille du roi se promenait sur le rivage.

– Au secours ! cria le chat, sitôt qu'il l'aperçut. Mon maître, le marquis de Carabas, se noie ! Des bandits l'ont dépouillé et jeté à l'eau !

Sur ordre de la princesse, on repêcha le jeune homme et on l'emmena sécher au palais.

Pendant ce temps, le chat parcourait la campagne en demandant :

– À qui sont ces terres ?

– À l'ogre du château, lui répondaient les paysans.

– Elles ont changé de propriétaire, affirmait le chat. Maintenant, elles appartiennent au marquis de Carabas !

On le crut. Comment ne pas croire un chat qui parle ? Parvenu au château de l'ogre, le chat frappa à la porte.

– Bonjour, monsieur l'ogre, dit-il poliment. Il paraît que vous pouvez vous changer en animal ?

– C'est exact, répondit l'ogre.

– Pourriez-vous vous changer en souris, s'il vous plaît ?

L'ogre se changea en souris, et le chat la croqua. Puis il dit aux domestiques :

– Maintenant, ce château appartient au marquis de Carabas.

Le lendemain, le fils du meunier, qui était tombé amoureux de la princesse, demanda sa main au roi.
– Êtes-vous riche ? s'informa le roi.
– Il l'est, répondit le chat à sa place. Venez, je vais vous montrer.
Ils partirent en carrosse à travers la campagne. Et, chaque fois que le roi interrogeait les paysans :
– À qui est ce champ ?
Ils lui répondaient :
– Au marquis de Carabas.
Les domestiques du château en firent autant, et c'est ainsi que le fils du meunier, qui n'avait eu qu'un chat en héritage, épousa une princesse et devint prince lui-même !

La Belle au bois dormant

Pour la naissance de leur fille Belle, le roi et la reine organisèrent une grande fête. Ils y invitèrent toutes les fées, sauf la fée Carabosse. Celle-ci, pour se venger, jeta un sort à la petite princesse : à quinze ans, elle se piquerait le doigt avec un fuseau et dormirait pendant cent ans.

Le roi fit disparaître tous les fuseaux du royaume. Mais la fée Carabosse avait plus d'un tour dans son sac ! Déguisée en fileuse, elle rendit visite à Belle. La princesse toucha son fuseau, se piqua le doigt et s'endormit.

Chose étrange : tous les occupants du château s'endormirent en même temps qu'elle.

Cent ans passèrent. Le parc du château était devenu une véritable forêt vierge. Un jour, un prince qui chassait par là aperçut une tour entre les arbres. Il découvrit le château, qui paraissait abandonné. Quel ne fut pas son étonnement de voir des gens dormir dans toutes les pièces !

Sur un lit de fleurs était étendue une princesse qui souriait dans son sommeil. Le prince la trouva si belle qu'il l'embrassa.

Aussitôt, elle s'éveilla. Le roi, la reine, les ministres, les gardes et les laquais s'éveillèrent également, et une grande agitation régna alors dans le château.

On lava le sol, on retira les toiles d'araignées, on coupa les arbres, on tondit les pelouses. Et, comme le roi et la reine semblaient d'excellente humeur, le prince leur demanda la main de leur fille.

Belle et le prince se marièrent, eurent beaucoup d'enfants et furent heureux pendant cent ans !

Le Petit Chaperon rouge

Il était une fois une petite fille tout habillée de rouge que l'on surnommait « le Petit Chaperon rouge ». Un jour, sa maman lui dit :

– Va porter une galette et un pot de beurre à ta grand-mère, qui est malade.

La petite fille obéit et, en chemin, elle rencontra le loup qu'elle prit pour un gros chien.

– Où vas-tu ? lui demanda-t-il.

– Chez ma grand-mère.

– Où habite-t-elle ?

– Dans la forêt.

Ce n'était pas tombé dans l'oreille d'un sourd ! Vite, vite, le loup courut jusqu'à la maisonnette de la grand-mère et frappa à la porte.

– Qui est-ce ? cria la grand-mère.

– Le Petit Chaperon rouge, répondit le loup, d'une toute petite voix.

– Tire la chevillette et la bobinette cherra !

Le loup entra, dévora la grand-mère et se coucha à sa place dans le lit.

Arriva le Petit Chaperon rouge, qui s'étonna en la voyant :
– Comme tu as de grands yeux, grand-mère !
– C'est pour mieux te voir, mon enfant ! minauda le loup.
– Comme tu as un grand nez, grand-mère !
– C'est pour mieux te sentir, mon enfant !
– Comme tu as de grandes dents, grand-mère !
– C'est pour mieux te manger, mon enfant !
À ces mots, le loup sauta sur elle et la mangea, avec son panier et ce qu'il y avait dedans.
Or, dans le pot de beurre, il y avait un petit couteau très pointu. Le Petit Chaperon rouge, qui n'était pas si sotte qu'elle en avait l'air, découpa le ventre du loup de l'intérieur. Par le trou, elle et sa grand-mère sortirent. Et le loup eut si mal au ventre qu'il ne mangea plus que des champignons !

Poucette

Il était une fois une jeune fille pas plus grande qu'un pouce. Elle se nommait Poucette. Un jour qu'elle dormait dans la coquille de noix qui lui servait de lit, un crapaud se dit :

« Voilà une jolie fiancée pour mon fils ! »

Il l'emporta tout doucement, et quand Poucette s'éveilla, elle voguait au milieu de la mare, sur une feuille de nénuphar.

En voyant l'affreux mari qu'on lui destinait, elle se mit à pleurer. Les poissons, émus par sa détresse, poussèrent la feuille vers la rive pour qu'elle puisse se sauver.

La pauvre Poucette, perdue dans une forêt inconnue, tremblait de peur et de froid. Une vieille souris eut pitié d'elle et l'hébergea en échange de menus services.

Or cette souris avait une idée derrière la tête.
– Vous devriez épouser mon voisin, M. Taupe, lui conseilla-t-elle. Il est très riche !
L'idée de vivre sous la terre horrifiait Poucette, mais elle ne voulait pas peiner la souris.
– Je vous répondrai au printemps, promit-elle.
C'était encore l'hiver. En se promenant dans les galeries de M. Taupe, Poucette trouva une hirondelle blessée. Elle la soigna, et au printemps l'hirondelle s'envola… en l'emmenant avec elle.
L'hirondelle emporta Poucette au pays des fleurs et la présenta à un elfe ailé, aussi petit qu'elle. Ils se marièrent et, pour la noce, un vieux papillon offrit ses ailes à la mariée. Désormais, Poucette vole de fleur en fleur. Et, quand elle rencontre un crapaud ou une taupe, elle leur tire la langue !

Le Vilain Petit Canard

Un jour, de l'un des œufs de maman Cane sortit un drôle de caneton.
– Qu'il est gros ! dirent ses frères.
– Qu'il est laid ! renchérirent ses sœurs.
Quand à maman Cane, elle eut honte devant les poules, les dindes et les oies d'avoir pondu un si vilain petit canard !
– Éloigne-toi, lui disait-elle quand elle nageait dans la mare, suivie par toute sa marmaille. Je ne veux pas qu'on voie que tu es à moi !
Alors le petit canard restait tout seul, et il était très malheureux.
Quand il voulait jouer avec ses frères et sœurs, ceux-ci le rejetaient également :
– Tu es trop grand ! se plaignaient les uns.
– Et trop maladroit ! ajoutaient les autres.
Alors le petit canard restait tout seul, et il était très malheureux.

Un jour, il décida de s'en aller. Il marcha, marcha à travers la campagne, sous la pluie, le vent et la neige. Et il arriva devant un grand étang où nageaient des cygnes.

Le vilain petit canard, qui n'avait jamais vu d'oiseaux si magnifiques, les regardait, bouche bée, quand l'un des cygnes lui dit :

– Viens t'amuser avec nous !

Tout étonné par tant de gentillesse, le vilain petit canard s'approcha de l'étang et vit son reflet dans l'eau. Il n'en crut pas ses yeux. Pendant son voyage, il avait grandi et était devenu... un cygne !

Voilà pourquoi il était différent des autres canards ! Maman Cane, sans le savoir, avait couvé un œuf de cygne !

Tout heureux d'avoir trouvé sa vraie famille, le vilain petit canard – qui ne l'était plus ! – sauta dans l'étang.

La Petite Sirène

Il était une fois une petite sirène qui aimait musarder dans les vagues. Un jour, elle aperçut sur un navire un prince si beau qu'elle en tomba amoureuse.

Hélas, une tempête éclata et le navire coula.

Quand la petite sirène vit le prince sur le point de se noyer, elle le poussa vite, vite, vers une plage. Une princesse qui passait par là le trouva évanoui. Elle prévint son père et ils le secoururent.

Cependant, la petite sirène pensait sans cesse au prince. Si bien qu'elle décida de devenir humaine. Elle alla trouver la sorcière des mers et lui demanda d'échanger sa queue de poisson contre deux jambes.

– Tu ne pourras plus nager ! la prévint la sorcière.

La sirène avait tellement envie de revoir son prince qu'elle accepta.

Un matin, elle posa donc ses deux pieds tout neufs sur le sable de la plage. Le prince s'y promenait avec sa fiancée – la princesse qui l'avait secouru. Ils la prirent pour une mendiante.

– Tu tombes bien, lui dit la princesse : j'ai justement besoin d'une couturière pour confectionner ma robe de mariée.

Et elle l'emmena au palais, où elle lui donna du fil ainsi qu'un grand morceau de tissu blanc. La petite sirène se mit à coudre, mais le plus lentement possible pour retarder la noce. Quand arriva le grand jour, la robe n'était pas prête. La princesse, furieuse, chassa la petite sirène qui, de désespoir, plongea dans la mer et se noya. Et la princesse se maria dans sa robe de tous les jours, ce qui lui gâcha son plaisir !

La Fille du roi et le crapaud

Une princesse pleurait, car son ballon d'or était tombé dans l'étang. Un gros crapaud surgit et lui dit :

– Si tu m'épouses, je te rapporterai ton ballon.

La princesse qui adorait son ballon d'or, accepta étourdiment. Après le lui avoir rendu, le crapaud la suivit au palais. Mais elle ne voulut pas le laisser entrer.

Comme il insistait, le roi vint voir ce qu'il se passait.

– Votre fille m'a promis de m'épouser, expliqua le crapaud.

– Une promesse est sacrée, répondit le roi.

Et il invita le crapaud à sa table.

– Je veux manger dans ton assiette, dit le crapaud à la princesse.
La princesse refusa, mais son père la gronda :
– C'est ton fiancé, tu dois lui obéir !
Après avoir mangé, le crapaud dit à la princesse :
– Maintenant, je veux dormir dans ton lit.
La princesse refusa, mais son père la gronda :
– C'est ton fiancé, tu dois lui obéir !
À contrecœur, la princesse conduisit le crapaud dans sa chambre.
– Et maintenant, embrasse-moi ! ordonna-t-il.
La princesse refusa, mais le crapaud lui dit :
– Je suis ton fiancé, tu dois m'obéir.
Avec une grimace de dégoût, la princesse l'embrassa. Aussitôt, il se changea en un prince magnifique.
– Un méchant magicien m'avait jeté un sort, dit le prince. Seul un baiser de princesse pouvait me rendre mon apparence.
La princesse, tout heureuse, lui sauta au cou, et l'embrassa encore et encore, et encore. Sans que son père l'y oblige, cette fois !

Peau d'âne

Un roi et une reine s'aimaient tendrement. Hélas, un jour, la reine tomba malade.

– Ne te remarie qu'avec une femme plus belle que moi, dit-elle à son mari avant de mourir.

Or, la seule femme plus belle qu'elle, c'était leur fille. Le roi la demanda donc en mariage. La princesse refusa avec horreur.

– Fais semblant d'accepter, lui conseilla sa marraine la fée. En échange, demande une robe couleur de lune.

Une telle robe ne pouvait exister, mais le roi en trouva une. Poussée par la fée, la princesse demanda une robe couleur de soleil, puis une robe couleur de temps. Elle les reçut également.

– Je ne vois qu'une solution, dit la fée, bien embarrassée, exige la peau de l'âne qui pond de l'or.

Le roi tenait beaucoup à cet âne. Pourtant, il le tua pour l'amour de la princesse.

– Mets cette peau sur ton dos et sauve-toi, ordonna alors la fée.

La princesse alla se terrer dans la forêt. Pour gagner sa vie, elle soignait les cochons d'une ferme voisine.

On l'appelait « Peau d'âne la sale ».

Le soir, dans sa cabane, elle enfilait parfois l'une de ses trois robes et redevenait belle.

Un jour, un prince la vit par la fenêtre, dans sa robe couleur de lune, et en tomba amoureux.

Lorsqu'il dit à ses parents qu'il voulait l'épouser, ils se moquèrent de lui.

Comme le prince se laissait mourir de chagrin, ses parents envoyèrent chercher Peau d'âne, qui vint dans sa robe couleur de soleil.

Elle épousa le prince et, comme on ne peut pas avoir deux maris, son père la laissa tranquille.

Le Petit Poucet

Un pauvre bûcheron avait sept fils. Le plus jeune était si petit qu'on l'appelait « le Petit Poucet ».

– Nous n'avons plus de quoi nourrir nos enfants, dit un jour le bûcheron à sa femme. Demain, j'irai les perdre dans la forêt.

Mais le Petit Poucet, qui avait surpris leur conversation, remplit ses poches de cailloux blancs. Et quand leur père les amena dans la forêt, il sema ses cailloux tout le long du chemin. Grâce à cette ruse, il put ramener ses frères à la maison avant la nuit.

Quelques jours plus tard, leur père les abandonna de nouveau. Le Petit Poucet, qui n'avait plus de cailloux, sema des miettes de pain. Hélas, les oiseaux les mangèrent.

Les sept garçons étaient bel et bien perdus !

Ils pleuraient dans le noir, quand le Petit Poucet aperçut une maison.

Ils frappèrent à la porte. Une femme leur ouvrit.
– Mes pauvres enfants ! s'écria-t-elle. Sauvez-vous vite ! Mon mari va rentrer, et c'est un ogre !
– Donnez-nous au moins quelque chose à manger, supplia le Petit Poucet.
Au même moment, des pas lourds ébranlèrent la forêt. La femme voulut cacher les enfants. Mais trop tard ! L'ogre les avait vus.
– Ça sent la chair fraîche ! dit-il, en se léchant les babines.
– C'est le repas de demain, lui répondit sa femme. Ce soir, j'ai préparé du cassoulet.

Après le dîner, l'ogre s'assoupit. Sa femme installa les sept garçons dans un grand lit, à côté de celui où dormaient ses sept filles. Au milieu de la nuit, l'ogre eut faim. Il se leva et alla dans la chambre avec son grand couteau. Mais il se trompa de lit, et égorgea ses filles.

Pendant qu'il les mangeait, les sept garçons s'enfuirent. Et pour que l'ogre ne puisse pas les rattraper, ils prirent ses bottes de sept lieues. Ces bottes permettaient de faire de si grands pas qu'en un instant ils furent chez eux !

Et savez-vous ce que le Petit Poucet avait mis dans ses poches ? Tous les sous de l'ogre ! Et ceux-là, croyez-moi, il ne les sema pas en route. Il les donna à ses parents !